영어는 한마디로 자신감

쌤영어, 왕초보 영어 말하기

영어는
한마디로
자신감

글 윤상훈 。 그림 하루

포르*체

PART 4 대화 CONVERSATION

PART 5 감정 EMOTION

PART 6 다양한 표현

A VARIETY OF EXPRESSIONS

인사와 안부

GREETING&
REGARD

PART 1

① 잘 지내?	How's it going? [하우즈 잇 고우잉?]	
	What's up [웟츠 업?]	
	What's happening? [웟츠 해퍼닝?]	
	You're doing okay? [유얼r 두잉 오우케이?]	
	How's your family? [하우즈 요어r f패멀리?]	
	How have you been? [하우 해v브 유 빈?]	
	How's life treating you? [하우즈 라이f프 츠리팅 유?]	
② 어디 가고 있어?	Where are you headed? [웨얼r 아r 유 헤디드?]	
③ 오랜만이야	Where have you been? [웨얼r 해v브 유 빈?]	
	Long time no see [롱 타임 노우 시]	
	Look who's here! [룩 후즈 히얼r!]	
④ 최고야, 아주 좋아	Couldn't be better [쿠든t 비 베럴r]	
⑤ 맨날 똑같지 뭐	Same as always [세임 애즈 얼웨이즈]	
⑥ 처음 뵙겠습니다	We've never met before [위브 네버r 멧 비f포어r]	

It's nice to finally meet you in person

[잇츠 나이스 투 f파이널리 밋 츄 인 펄r슨]

It's good to hear your voice

[잇츠 귿트 히얼r 요어r v보이스]

What a small world [웟 어 스몰 월r드]

Let's grab a drink sometime

[렛츠 그r래브 어 드r링크 섬타임]

Let's keep in touch [렛츠 킵 인 터치]

1
greeting& regard

How's it going?

[하우즈 잇 고우잉?]

잘 지내니?/오늘 어때?

인사할 때 자주 사용되는 표현이다.

다 잘 돼가니? = How's everything going?

What's up

[윗츠 업?]

잘 지내?/무슨 일이야?

편한 표현이라서 친한 사이에서만 사용해야 한다.

나이 많은 분들 또는 직장 상사에게는 **NO!**

What's happening?

[윗츠 해퍼닝?]

어떻게 지내고 있어?

'어떤 일이 벌어지고 있어?'라고 물어볼 때도 사용하는 표현이다.

뭐 새로운 일 있어? = What's new?

You're doing okay?

[유얼r 두잉 오우케이?]

괜찮게 지내고 있지?

말 그대로 '잘하고 있지?'라는 뜻으로 상대방이 걱정될 때 사용하는 표현이다.

How's your family?

[하우즈 요어r f패멀리?]

가족들은 다 잘 지내?

다른 가족 구성원의 안부가 궁금하다면 How's your 뒤에 사람을 바꿔서 물어보면 된다.

삼촌은 잘 지내셔? = How's your uncle?

How have you been?

[하우 해v브 유 빈?]

어떻게 지냈어?

중간에 Have를 빼고서 발음하기도 한다.

뭐하고 지냈어? = What have you been up to?

How's life treating you?

[하우즈 라이f프 츠리팅 유?]

사는 건 어때?

말 그대로 '인생이 널 잘 돌봐주고 있어?', '인생살이 어때?'라는 뜻의
표현이다.

Where are you headed?

[웨얼r 아r 유 헤디드?]

어디 가고 있어?

Where are you going? 대신 사용할 수 있는 표현이다.

Where have you been?

[웨얼r 해v브 유 빈?]

어디 갔었어?

한동안 어디 있었는지 모르는 사람에게 사용할 수 있는 표현이다.

하나도 안 변했네. = You haven't changed at all.

3-2

greeting&
regard

Long time no see

[롱 타임 노우 시]

오랜만이야

정말 오랜만에 본 친구에게 사용하는 표현이다.

Look who's here!

[룩 후즈 히얼r!]

아니 이게 누구야!

말 그대로 '누가 여기 왔는지 한번 봐!'라는 뜻이다.

Couldn't be better

[쿠든t 비 베럴r]

최고야/아주 좋아

'이것보다 더 좋을 수는 없다.'라는 뜻의 표현이다.

별일 없이 아주 잘 지내고 있어. = I can't complain.

Same as always

[세임 애즈 얼웨이즈]

맨날 똑같지 뭐

누군가 안부를 물어볼 때, 항상 변함없이 똑같은 삶이라고 답하
는 표현이다.

We've never met before

[위브 네버r 멧 비f포어r]

우린 초면이죠

한 번도 만난 적 없는 사람과 어색할 때, 정말로 처음 보는 경우
일 때 사용할 수 있는 표현이다.

It's nice to finally meet you in person

[잇츠 나이스 투 f파이널리 밋 츄 인 펄r슨]

마침내 직접 만나 뵙게 되어서 반갑습니다

상대방에 대해 많은 이야기를 들었지만 직접 만나는 것은 처음일 때 사용할 수 있는 표현이다.

오랜만에 대화하는 친구에게 사용할 수 있는 표현이다.

What a small world

[윗 어 스몰 월r드]

세상 참 좁네

예상치 못한 만남이나 연결을 의미한다. 서로 알지 못했던 사람들이 어떻게든 연결되는 것을 나타내는 표현이다.

비슷한 표현 = It's a small world.

Let's grab a drink sometime

[렛츠 그r래브 어 드r링크 섬타임]

언제 술 한잔하자

언젠가 만나서 술 한잔하자고 할 때 Let's drink 대신 사용할 수
있는 자연스러운 표현이다.

나중에 술 한잔하자. = We should grab a drink sometime.

Let's keep in touch

[렛츠 킵 인 터치]

자주 연락하고 지내자

헤어질 때 하는 인사이다. 말 그대로 서로 연락을 유지하자는 의미로 사용되는 표현이다.

비슷한 표현 = Don't be a stranger, stay in touch.

사과

APOLOGY

1	완전 깜빡 잊었어	It (completely) slipped my mind
		[잇 (컴플리틀리) 슬립트 마이 마인드]
2	보상해줄게	I want to make it up to you
		[아이 원투 메익 잇 업 투 유]
		Let me make it up to you [렛 미 메익 잇 업 투 유]
3	오해를 풀다	Clear the air [클리어r 디 에어]
4	의도	I didn't mean it [아이 디든t 민 잇]
		I didn't mean to hurt your feelings
		[아이 디든t 민 투 허얼r트 요어r f필링즈]
		The words just wouldn't come out of my mouth
		[더 워r즈 저스트 우든 컴 아웃 어v브 마이 마우th쓰]
5	사과하러 왔어	I came to apologize to you
		[아이 케임 투 어팔러자이즈 투 유]
6	저의 사과를 받아 주세요	Please accept my apologies
		[플리즈 억셉트 마이 어팔러지즈]

7 뭐라고 사과해야 될지 모르겠어

You can't believe how sorry I am

[유 캔t 빌리브 하우 쏘r뤼 아이 앰]

8 다시는 이런 일이 없을 거야

I will not let it happen

[아이 윌 낫 렛 잇 해픈]

9 욕해서 미안하지만

Pardon my French [파알r든 마이 f프렌치]

10 죽었으면 좋겠어

I wish I was dead

[아이 위쉬 아이 워즈 데드]

It (completely) slipped my mind

[잇 (컴플리틀리) 슬립트 마이 마인드]

완전 깜빡 잊었어

어떤 상황이나 일을 완전히 잊어버렸을 때 사용할 수 있는 표현
이다.

미안 깜빡 잊었어. = I'm sorry, It slipped my mind.

I want to make it up to you

[아이 원투 메익 잇 업 투 유]

내가 보상해 줄게

Make it up to you는 내가 잘못한 것을 만회하기 위해 너에게 무언가를 보상하고 싶다는 표현이다.

내가 보상해 줄게. = I will make it up to you.

Let me make it up to you

[렛 미 메익 잇 업 투 유]

내가 보상해 줄게/내가 갚아 줄게

누군가에게 빚을 졌을 때 사용할 수 있는 표현이다.

Clear the air

[클리어r 디 에어]

오해를 풀다

오해를 풀고 상황을 개선해서 분위기를 좋게 한다는 뜻이다.

네가 오해를 풀 기회야. = This is your opportunity to clear the air.

I didn't mean it

[아이 디든† 민 잇]

고의로 그런 건 아니야

어떤 말 또는 행동을 하고 나서 일부러 그런 건 아니라고 설명
하는 표현이다.

그러려고 그런 게 아니었어. = I didn't mean to do that.

I didn't mean to hurt your feelings

[아이 디든t 민 투 허얼r트 요어r f필링즈]

상처를 주려고 한 건 아니야

|Feelings| = 감정

의도치 않게 다른 사람에게 상처를 줬을 때 사용하는 표현이다.
이미 일어난 사건이 타인의 감정에 상처를 줄 의도는 없었다는
뜻이다.

The words just wouldn't come out of my mouth

[더 워r즈 저스트 우든 컴 아웃 어v브 마이 마우th쓰]

그냥 말이 안 나왔을 뿐이야

말 그대로 '입 밖으로 어떤 말도 나올 수 없었어'라는 뜻의 표현이다.

말이 잘못 나왔네. = It was a slip of the tongue.

I came to apologize to you

[아이 케임 투 어팔러자이즈 투 유]

사과하러 왔어

말 그대로 '내가 먼저 사과하려고 왔어'라는 뜻으로 상대방에게 화
해를 요청할 때 상황이 어색하다면 쓰기 좋은 표현이다.

Please accept my apologies

[플리즈 억셉트 마이 어팔러지즈]

저의 사과를 받아 주세요

사과를 해도 상대방이 반응이 없는 경우 더 간절하게 사과하는
표현이다.

사과를 받아들일게. = I accept your apology.

You can't believe how sorry I am

[유 캔t 빌리브 하우 쏘r뤼 아이 앰]

뭐라고 사과해야 될지 모르겠어

직역하면 '내가 얼마나 미안한지 믿을 수 없을 거야' 라는 뜻으로 너무 심각한 일이 벌어져서 진심으로 사과할 때 쓰는 표현이다.

얼마나 미안한지 몰라. = Words can't describe how sorry I am.

할 말이 없어. = I have no excuse.

8
apology

I will not let it happen

[아이 윌 낫 렛 잇 해픈]

다시는 이런 일이 없을 거야

앞으로는 조심해서 이런 일이 일어나지 않게 하겠다고 말하고 싶을 때 이 표현을 사용할 수 있다.

다시는 그러지 마. = Don't let it happen again.

9 apology

Pardon my French

[파알r든 마이 f프렌치]

욕해서 미안하지만

안 좋은 말이 나오기 전에 미리 알려주는 표현으로 Excuse my French도 같은 뜻이다.

욕이 나올 것만 같은 상황에서 사용할 수 있는 표현이다.

I wish I was dead
[아이 위쉬 아이 워즈 데드]

죽었으면 좋겠어

우리말에서 실수한 다음 "죽고 싶다."라고 말하는 것과 비슷한 표현이다.

정말로 죽고 싶은 것이 아니라 실수한 자신이 너무 미울 때 사용한다.

PART 3

WORK

① 바쁨	My hands are full [마이 핸즈 아r f풀]
	Have a lot on my plate
	[해v브 어 랏 언 마이 플레이트]
② 겨우 먹고 살 만큼 벌다	Make ends meet [메익 엔즈 밋]
③ 나만의 시간이 필요해	I need some me time [아이 니드 섬 미 타임]
④ 더 중요한 일이 있어	I have bigger fish to fry
	[아이 해v브 비거r f피쉬 투 f프r라이]
⑤ 난 이것에 소질이 없다	I'm not cut out for this [암 낫 컷 아웃 f포어r 디스]
⑥ 곤란한 입장에 처해 있어	I'm in a tight spot [암 인 어 타이트 스팟]
⑦ 성공 확률이 낮은 것	A long shot [어 롱 샷]
⑧ 머리를 쥐어짜다	Rack one's brain [r랙 원즈 브r레인]
⑨ 정신없음	That made my head spin
	[댓 메이드 마이 헤드 스핀]
	I'm losing my mind
	[암 루징 마이 마인드]

I just lost my head [아이 저스트 로스트 마이 헤드]

⑩ 치밀함

Test the water [테스트 더 워러r]

Map out [맵 아웃]

Let that sink in [렛 댓 싱크 인]

Let's double check [렛츠 더벌 첵]

Save it for a rainy day

[세이브 잇 f포어r 어 r레이니 데이]

⑪ 과장하다

Blowing it out of proportion

[블로우잉 잇 아웃 어브 프r러폴r션]

⑫ 원하는 것을 얻기 위해

You can't make an omelet without breaking eggs

고통을 감수해야 한다

[유 캔t 메익 언 암믈렛 위다우트 브r레이킹 에그즈]

⑬ 느려도 착실하면

Slow and steady wins the race

이긴다

[슬로우 앤드 스테디 윈즈 더 r레이스]

⑭ ~에 많은 노력을 들이다

Put (a lot of) effort into

[풋 (어 랏 어v브) 에f펄트 인투]

⑮ 헛수고이다/물거품이 되다	It went just down the drain
	[잇 웬트 저스트 다운 더 드r레인]
⑯ 어서 끝냅시다	Get it over with [겟 잇 오우buhr 윋th]
⑰ ~을 다음 단계로	Take something to the next level
진전시키다	[테익 섬th띵 투 더 넥스트 레벌]
⑱ 시작	Push the envelope [푸쉬 디 엔벌롭]
	Get the ball rolling [겟 더 볼 r로울링]
⑲ 처음부터 끝까지/시종일관	From start to finish
	[f프r럼 스타알r트 투 f피니쉬]
⑳ 숨 좀 돌리다	Take a beat [테익 어 빗]
㉑ 차근차근 할 거야	I'm going to take it one day at a time
	[암 고우잉 투 테익 잇 원 데이 앳 어 타임]
㉒ 아이디어 생각해 냈어?	What did you come up with?
	[웟 디쥬 컴 업 윋th?]
㉓ 손해 볼 게 뭐야?	What's the harm? [웟츠 더 함?]

(24)	이만 끝내다	Call it a day [콜 잇 어 데이]
(25)	임기응변/즉흥적으로 하다	Play it by ear [플레이 잇 바이 이얼r]
(26)	쉬움	It's not rocket science
		[잇츠 낫 r롸컷 사이언스]
		It's a no brainer [잇츠 어 노우 브r레이너]
(27)	내가 좀 생각을 해볼게	I'll give it some thought [아일 기빗 섬 th똣]
(28)	취소하자/없던 걸로 하자	I'm calling it off [암 컬링 잇 오f프]
(29)	너에게 결정권이 있다	The ball is in your court
		[더 볼 이즈 인 요어r 코얼r트]
(30)	아직 미정이야	It's up in the air [잇츠 업 인 디 에어]
(31)	잘 파악하고 있다	Stay on top of it [스테이 언 탑 어v브 잇]
(32)	별일 아님	It's not unheard of [잇츠 낫 언헐r드 어v브]
		What's the big deal? [웟츠 더 빅 딜?]

My hands are full

[마이 핸즈 Oㅏr f풀]

나 아주 바빠/할 일이 많다

I'm busy 대신 사용할 수 있는 표현이다.

미안해, 지금은 아주 바빠. = Sorry, my hands are full right now.

Have a lot on my plate

[해v브 어 랏 언 마이 플레이트]

해야 할 일이 많다

직역하면 내 접시 위에 처리해야 할 일이 많다는 뜻이다. 내가 처리 또는 해결해야 할 일이 산더미처럼 있을 때 사용할 수 있다.

내가 해야 할 일이 산더미야. = I have a lot on my plate.

2

Make ends meet

[메익 엔즈 밋]

겨우 먹고살 만큼 벌다

돈을 잘 벌지는 못하고 겨우 입에 풀칠을 하는 상황을 의미
하는 말이다.

겨우 먹고살 만큼만 돈을 벌다. = I can barely make ends meet.

I need some me time

[아이 니드 섬 미 타임]

나만의 시간이 필요해

| Me time | = 혼자 휴식을 취하는 시간, 자기 자신만의 시간

혼자 있고 싶다고 할 때 I need some time alone 대신 사용할 수

있다.

4 work

I have bigger fish to fry

[아이 해v브 비거r f피쉬 투 f프r라이]

더 중요한 일이 있어

직역하면 안 되는 표현 중 하나로 더 큰 물고기를 튀기겠다는 뜻이 아니다!

일상 대화에서 지금 내가 처리해야 할 더 중요한 일이 있을 때 사용할 수 있는 표현이다.

비슷한 표현 = I have something more important to do.

I'm not cut out for this

[암 낫 컷 아웃 f포어r 디스]

난 이것에 소질이 없다

~는 적성에 안 맞는다. = I'm not cut out for~

군대는 내 체질에 안 맞아. = I'm not cut out for the army.

6
work

I'm in a tight spot
[암 인 어 타이트 스팟]
곤란한 입장에 처해 있어

궁지에 빠지거나, 곤경에 처해 있을 때 사용할 수 있는 표현이다.
너는 아마 곤란한 입장에 처할 것이다. = You are probably going
to be in a tight spot.

7 work

A long shot

[어 롱 샷]

성공 확률이 낮은 것

거리가 멀어서 명중할 가능성이 낮아 거의 승산이 없다는
뜻이다.

가능성이 희박해./성공 확률이 제로야. = It's a long shot.

8
work

Rack one's brain
[r랙 원즈 브r레인]
머리를 쥐어짜다

Rack one's brain은 직역하면 두뇌, 머리를 고문한다는 뜻이다. 어떤 문제를 해결하기 위해서 머리를 고문하듯 쥐어짜서 생각한다는 표현이다.

머리를 쥐어짜 봐. = Rack your brain.

아무리 머리를 쥐어짜 봐도~ = I racked my brain but~

9
That made my head spin
[댓 메이드 마이 헤드 스핀]

그것 때문에 머리가 어지러워

감당하기 힘든 일이 생겼을 때, 나를 혼란스럽거나 어리둥절하게

한 사건이 있을 때 사용할 수 있는 표현이다.

I'm losing my mind

[암 루징 마이 마인드]

나는 제정신이 아냐

스트레스를 심하게 받아 정신이 나갈 것 같은 상황에서 사용할
수 있는 표현이다.

이성을 잃다. = lose one's mind.

I just lost my head

[아이 저스트 로스트 마이 헤드]

정신이 없었어/내가 허둥댔어

정신없이 행동하거나 냉정을 잃었을 때 자신의 행동을 설명하는
말이다.

비슷한 표현 = I acted crazy during that time. / I was out of it.

Test the water

[테스트 더 워러r]

미리 상황을 살피다

어떤 행동을 하거나 결정을 내리기 전에 미리 사람들의 반응을 살핀다는 뜻이다. 속된 말로 '간 보다'라고 할 수 있다.

한번 상황을 살펴 봐. = You should test the water.

Map out

[맵 아웃]

치밀하게 계획하다

어떤 것을 세심히 또는 아주 면밀하게 계획을 짜고 준비한다는 뜻이다.

우리는 이미 행동 계획을 면밀히 준비했다. = We mapped out a plan of action.

미래를 설계하다. = Map out one's future.

10-3 Let that sink in

work

[렛 댓 싱크 인]

곰곰이 생각해 보자

|Sink in| = 말, 정보를 서서히 받아들이다

내 말이 상대의 행동이나 생각에 변화를 주기 원할 때 사용할 수 있는 표현이다.

Let's double check

[렛츠 더블 첵]

다시 한 번 확인해 보자

| Double check | = 재확인하다

꺼진 불도 다시 보듯이 꼼꼼하게 봐야 하는 것이 있을 때 사용할 수 있는 표현이다.

다시 한 번 확인해 볼 수 있어? = Can you double check?

Save it for a rainy day

[세이브 잇 f포어r 어 r레이니 데이]

만일에 대비하다

상황이 좋지 않을 때를 비가 오는 날로 비유한 표현이다. '미래를
위해 돈을 저축하다'라는 뜻으로도 많이 사용한다.

돈을 함부로 쓰지 말고 만일을 대비하라. = Don't waste your
money. Save it for a rainy day.

11
work

Blowing it out of proportion

[블로우잉 잇 아웃 어v브 프r러폴r션]

과장하다

항상 너무 극단적인 반응을 보이거나 실제보다 과장, 심각하게 반응하는 사람에게 사용할 수 있는 표현이다.

일을 너무 부풀리지 마(과대 해석하지 마) = Don't blow things out of proportion.

You can't make an omelet without breaking eggs

[유 캔t 메익 언 암믈렛 위다우트 브r레이킹 에그즈]

원하는 것을 얻기 위해 고통을 감수해야 한다

달걀을 깨지 않고 오믈렛을 만들 수 없듯이 원하는 것을 이루기 위해서는 희생이 따른다는 뜻이다.

Slow and steady wins the race

[슬로우 앤드 스테디 윈즈 더 r레이스]

느려도 착실하면 이긴다

남들보다 조금 느려도 꾸준하면 결국 승리한다는 뜻이다.

비슷한 표현 = Haste makes waste.

14
work

Put (a lot of) effort into
[풋 (어 랏 어v브) 에f펄트 인투]
~에 많은 노력을 들이다

Put effort into는 노력을 하는 중, 애를 쓰다 등의 의미로 a lot of(많은)를 추가하면 엄청난 노력을 하고 있다고 강조할 수 있다.
엄청난 노력을 하고 있어. = I am putting a lot of effort into this.

76

PARTPART 3

It went just down the drain

[잇 웬트 저스트 다운 더 드r레인]

헛수고이다/물거품이 되다

|Drain| = 배수구, 하수구

Go down the drain은 시간, 노력 들어갔던 것들이 헛수고가 되거나 실패한 경우에 사용할 수 있는 표현이다.

내가 저축한 모든 돈이 날아갔다. = All the money I saved, It just went down the drain.

Get it over with

[겟 잇 오우바r 윝th]

어서 끝냅시다

주로 '불쾌하거나 하기 싫지만 필요한 일을 끝내다', 혹은 '해치워 버리다'

라는 의미로 사용한다.

빨리 해치워 버릴 수 있어? = Can you just get it over with?

17

work

Take something to the next level

[테익 섬th띵 투 더 넥스트 레벌]

~을 다음 단계로 진전시키다

말 그대로 어떤 일을 다음 단계로 넘어가게 하거나, 업그레이드
를 시킨다는 뜻이다.

이 일이 잘되면 다음 단계로 올라갈 거야. = If that works out, I
take it to the next level.

우리 관계를 더 진전시킬 거야. = I'm willing to take our
relationship to the next level.

Push the envelope

[푸쉬 디 엔벌롭]

새로운 일을 추진하다/한계를 넘어서다

새로운 일을 추진하다.

새로운 일을 시도하거나 추진할 때 사용할 수 있는 표현으로
주로 비즈니스 분야에서 사용된다.

지금 새로운 시도를 하는 것은 현명하지 못하다. = I don't think
it's wise to push the envelope.

18-2
work

Get the ball rolling

[겟 더 볼 r로울링]

일을 시작하다

직역하면 '공을 구르게 하다'라는 뜻으로 어떤 일을 시작한다는 표현이다. 원어민들이 즐겨 사용하는 말이다.

자, 일을 시작하자. = Let's get the ball rolling.

같은 표현 = Start the ball rolling.

From start to finish

[f프r럼 스타알r트 투 f피니쉬]

처음부터 끝까지/시종일관

어떤 일이 처음부터 끝까지 일어나고 있다는 것을 강조하는 표현으로 원어민들이 자주 사용한다.

비슷한 표현 = All the way through. / From beginning to end.

Take a beat

[테익 어 빗]

숨 좀 돌리다

하던 일을 멈추고 잠시 숨 돌릴 시간을 가지자는 표현이다.

우리 잠시 숨 좀 돌리자. = Let's take a beat.

비슷한 표현 = Let's take a break. / Let's take five.

I'm going to take it one day at a time

[암 고우잉 투 테익 잇 원 데이 앳 어 타임]

차근차근 할 거야

차근차근 할거야~

!?

워워~

계획을 세우거나 미래에 대해 걱정하지 않고 일어나는 일을 처리하겠다는 표현이다. Take one day at a time은 너무 서두르지 않고 차근차근 진행하겠다는 뜻이다.

천천히 해도 괜찮아. = Just take it one day at a time.

22 What did you come up with?

work

[윗 디쥬 컴 업 윋h?]

아이디어 생각해 냈어?

| Come up with | = 생각해 내다

상대에게 좋은 아이디어를 기대할 때 사용할 수 있는 표현이다.

What's the harm?

[윗츠 더 함?]

손해 볼 게 뭐야?

새로운 일을 시작하 주저하는 상대방에게 손해 볼 것 없으니 시
작해보라는 뜻의 표현이다.

비슷한 표현 = It can't hurt.

24

work

Call it a day

[컬 잇 어 데이]

이만 끝내다

보통 일할 때 자주 활용되는 표현 중 하나이다. '그만하기로 하다',

'마무리하다', '여기까지 하다'라는 뜻의 표현이다.

오늘 그만 마무리하죠. = Let's call it a day.

Play it by ear

[플레이 잇 바이 이얼r]

임기응변/즉흥적으로 하다

직역하면 '귀에 들리는 대로 연주하다'라는 의미로, '그때그때 사정을
봐 가면서 처리하다', '상황을 보고 결정한다'는 뜻으로 사용할 수 있다.

즉흥적으로 하자. = Let's play it by ear.

It's not rocket science
[잇츠 낫 r롸컷 사이언스]

어려운 일도 아니잖아

지극히 쉬운 일이라고 비유해서 강조할 때 It's not that difficult 대신 위 표현이 자주 사용된다.

일

It's a no brainer

[잇츠 어 노우 브r레이너]

아주 쉬운 일이야/너무 쉬운 결정이야

아주 쉬운 일이야~

유후~

이걸 다
했다고?

최소한의 생각만으로도 답이 딱 나오는 일을 말한다.

뇌Brain 의 지적 노력 없이 간단하게 알 수 있다는 뜻이다.

It's easy, It's a piece of cake 대신 사용할 수 있는 표현이다.

27

work

I'll give it some thought

[아일 기빗 섬 th똣]

내가 좀 생각을 해볼게

결정하기 위해 생각할 시간이 필요할 때 사용하는 표현이다.

비슷한 표현 = I need some time to consider. / I'll think about it.

I'm calling it off

[암 컬링 잇 오f프]

취소하자/없던 걸로 하자

Cancel 대신 자주 사용되는 표현이다.

우리 그냥 취소하자./없던 걸로 하자. = Let's call it off.

The ball is in your court

[더 볼 이즈 인 요어r 코얼r트]

너에게 결정권이 있다

공이 네 쪽으로 넘어갔으니 이제 네가 결정권을 갖고 있다는 뜻
으로 '네가 뭔가 할 차례다'라는 의미로 사용한다.

30 It's up in the air

work

[잇츠 업 인 디 에어]

아직 미정이야

| Up in the air | = 결정되지 않은, 미결정인, 아직 미정인

비슷한 표현 = It's uncertain. / It's undecided.

Stay on top of it

[스테이 언 탑 어v브 잇]

잘 파악하고 있다

어떤 상황이나 일을 잘 파악, 관리, 통제하고 있다는 뜻이다.

나는 이것에 대해서 아주 잘 파악하고 있을 거야. = I will stay on
top of this.

It's not unheard of

[잇츠 낫 언헐r드 어v브]

흔히 있는 일이야/새삼스러운 일도 아냐

이런 일들은 생각보다 자주 일어난다는 뜻으로 나도 이런 경험이 있으니 새삼스럽지 않다는 표현이다.

비슷한 표현 = I've experienced that in the past. / That thing has happened before.

What's the big deal?

[윗츠 더 빅 딜?]

웬 야단이야?

| Big deal | = 중대사건, 큰일

'그게 어때서'라는 뜻으로 별일이 아닌 것 같다고 생각할 때 사용할 수 있는 표현이다.

PART
4

대화

CONVERSATION

1　내가 보기엔

As far as I'm concerned

[애즈 파아r 애즈 암 컨선드]

The way I see it [더 웨이 아이 시 잇]

2　너는 어떤 입장이야?

Where do you stand on~?

[웨얼r 두 유 스탠드 언?]

3　그런 생각 든 적 없어?

Has it ever occurred to you?

[해즈 잇 에버r 어컬rd 투 유?]

4　잘 되어 가니?

How's that working out for you?

[하우즈 댓 워r킹 아웃 f포어r 유?]

5　그런데 말이죠

Here's the thing [히얼r즈 더 th띵]

6　바로 얘기해 줄게

I'm getting to it [암 게팅 투 잇]

7　나중에

I'll come to that [아일 컴 투 댓]

Let me get back to you

[렛 미 겟 백 투 유]

8 어떻게 얘기할까

How should I put it?

[하우 슈드 아이 풋 잇?]

9 전해 들었어

I heard about it secondhand

[아이 헐r드 어바웃 잇 세컨드핸드]

10 어디까지 이야기했지?

Where was I?

[웨얼r 워즈 아이?]

11 예전부터 말하려고 했어

I've been meaning to tell you

[아이브 빈 미닝 투 텔 유]

12 무슨 생각을 하고 있어?

Penny for your thoughts?

[페니 f포어r 요어r th똣츠?]

13 왜 그래?

What's with you?

[웟츠 왇th 유?]

Where is this coming from?

[웨얼r 이즈 디스 커밍 f프r럼?]

PART 4

18 생각이 나지 않았어

It didn't cross my mind

[잇 디든t 크r로스 마이 마인드]

19 솔직

Let's get this out in the open

[렛츠 겟 디스 아웃 인 디 오우펀]

I'm going to have to get this off my chest

[암 고우잉 투 해v브 투 겟 디스 오f프 마이 체스트]

I'm going to level with you

[암 고우잉 투 레벌 윋th 유]

20 내가 설명해 줄게

Let me walk you through it

[렛 미 웍 유 th쓰루 잇]

21 이해했어?

Are you with me?

[아r 유 윋th 미?]

Do I make myself clear?

[두 아이 메익 마이셀f프 클리어?]

You get the idea

[유 겟 디 아이디어]

Fill in the blanks? [f필 인 더 블랭스?]

Don't you see? [돈 츄 씨?]

What are you getting at?

[웟 아r 유 게링 앳?]

I don't follow you [아이 도운t f팔로우 유]

It's all gibberish to me

[잇츠 올 지버r리쉬 투 미]

What do you mean by that?

[웟 두 유 민 바이 댓?]

I got the point [아이 갓 더 포인트]

You sound like a broken record

[유 사운드 라익 어 브r로큰 r레커드]

26 본론	Get (straight) to the point
	[겟 (스트r레잍) 투 더 포인트]
	What's your point? [윗츠 요어r 포인트?]
	Let's cut to the chase
	[렛츠 컷 투 더 체이스]
	I'll boil it down for you
	[아일 보일 잇 다운 f포어r 유]
27 결국에는 /	At the end of the day
결국 가장 중요한 것은	[앳 디 엔드 어v브 더 데이]
28 이건 분명히 하자	Let me get this straight
	[렛 미 겟 디스 스트r레잍]
29 털어놔	Spit it out [스핏 잇 아웃]
	Please tell it like it is
	[플리즈 텔 잇 라익 잇 이즈]

40	잘 생각해 봐	You do the math	[유 두 더 매th쓰]
41	어디 가지 않고 머무르다	Stick around	[스틱 어라r운드]

1
conversation

As far as I'm concerned
[애즈 파아r 애즈 암 컨선드]
내가 보았을 때/내가 보기에는

자신의 의견을 말하면서 대화를 시작할 때 사용하는 표현이다.
내가 보았을 때 너는 최고의 사진사야. = As far as I'm concerned
you're the best photographer.

The way I see it

[더 웨이 아이 시 잇]

내가 보기엔

자신의 의견을 강하게 나타나는 표현이며 뒤에 내가 하고 싶은
말을 붙이면 된다.

내가 보기에는 우리에게 두 개의 옵션이 있어. = The way I see it,
we have two options.

Where do you stand on?

[웨얼r 두 유 스탠드 언?]

너는 어떤 입장이야?

Where do you stand on~ 뒤에 궁금한 의견이나 입장을 넣어서 질문을 완성할 수 있다.

이슈에 대해서 어떤 입장인가요? = Where do you stand on the issue?

비슷한 표현 = Tell me what you think about~

3 Has it ever occurred to you?

conversation

[해즈 잇 에버r 어컬r드 투 유?]

그런 생각 든 적 없어?

상대방에게 어떤 것의 가능성에 대해서 생각해 보거나, 다른 관
점에서 생각해 본 적 있냐고 물어보는 표현이다.

비슷한 표현 = Did you ever think about this?

4
conversation

How's that working out for you?
[하우즈 댓 워r킹 아웃 f포어r 유?]

잘 되어 가니?

| Work out | = 잘 되어 가다

상대방의 감정에 대해서 물어 볼 때 자주 사용하는 표현이다.

네가 잘 되어서 기뻐. = So glad it worked out for you.

Here's the thing

[히얼r즈 더 th띵]

그런데 말이죠

직역하면 '여기 이것이 있어요'지만 보통 상대가 관심을 가질만 한 화제나 중요한 이야기, 혹은 (어려운) 말을 꺼내기 전에 '있잖아 요', '그게 말이죠'라고 원어민들이 습관적으로 사용하는 표현이다.

I'm getting to it

[암 게팅 투 잇]

바로 얘기해 줄게

일반적으로 조급해하는 사람에게 마음을 놓으라는 표현으로 사용할 수 있다. 곧 그 이야기를 시작할 것이라고 알려주는 표현이다.

7 I'll come to that

[아일 컴 투 댓]

나중에 얘기해 줄게

어떤 주제나 문제에 대해 현재 이야기하지 않고, 나중에 이야기
하겠다는 의미를 나타내는 표현이다.

Let me get back to you

[렛 미 겟 백 투 유]

나중에 이야기할게

상대방에게 어떤 정보를 제공하거나 결정을 내리기 전에 좀 더
시간이 필요하다는 것을 나타내는 표현이다.

이 표현은 '나중에 전화할게'라고 말할 때도 사용할 수 있다.

How should I put it?

[하우 슈드 아이 풋 잇?]

어떻게 얘기할까

대화 도중에 바로 쉽게 설명이 나오지 않는 상황이나 설명을 하기 전에 조금 생각할 시간이 필요한 경우에 사용할 수 있는 표현이다.

9
conversation

I heard about it secondhand

[아이 헐r드 어바웃 잇 세컨드핸드]

전해 들었어

내가 직접 알아낸 사실이 아니라 다른 사람이 나에게 말해줬다고 알려 주는 표현이다.

10 conversation Where was I?

[웨얼r 워즈 아이?]

어디까지 이야기했지?

한참 이야기하던 도중에 갑자기 생각이 안나는 경우 사용할 수
있는 표현이다.

I've been meaning to tell you

[아이브 빈 미닝 투 텔 유]

예전부터 말하려고 했어

I've been meaning to + 동사원형 패턴은 원어민이 많이 쓰는 표현 중 하나로 예전부터 '전부터 ~하려고 했어', '안 그래도 ~하려고 했어' 라는 뜻으로 아주 유용하게 사용할 수 있다.

예전부터 물어보려고 했어. = I've been meaning to ask.

Penny for your thoughts?

[페니 f포어r 요어r th똣츠?]

무슨 생각을 하고 있어?

상대방이 무엇을 생각하고 있는지 물어보는 표현이다.

비슷한 표현 = What's on your mind? / Tell me what you are thinking.

What's with you?

[웟츠 윋th 유?]

뭐 때문에 그래?

상대방이 이상한 행동을 하거나 기분이 좋지 않은 것 같을 때 물어보는 표현으로, '무슨 일 있어?'라는 뜻이다.

Where is this coming from?

[웨얼r 이즈 디스 커밍 f프r럼?]

갑자기 왜 그러는 거야?

상대방의 말이나 행동이 갑자기 변해서 놀랍거나 충격적일 때
사용하는 표현이다.

네가 왜 그러는지 알 것 같아. = I see where you're coming from

I feel the same way

[아이 f필 더 세임 웨이]

내 말이 그 말이야

직역하면 '같은 방향으로 느낀다' 정도의 의미로 상대방과 대화 중에 나도 같은 생각을 하고 있다고 맞장구치는 표현이다.

비슷한 표현 = I feel you, I think so too.

That makes two of us

[댓 메익스 투 어v브 어스]

나도 그렇게 생각해

'나도 마찬가지야' 라고 동감할 때 사용할 수 있는 표현이다.

비슷한 표현 = I agree with you. / You can say that.

We're on the same page

[위아r 언 더 세임 페이쥐]

우린 같은 생각이야

상대방의 생각 또는 의견이 나랑 같을 때 공감하는 표현으로
Me too 대신 사용할 수 있다.

비슷한 표현 = Tell me about it.

14-4 Say no more

conversation

[세이 노 모얼r]

더 말 안 해도 알아

상대방이 이야기한 것을 이해하였고, 더 이상 설명이 필요하지 않다는 것을 나타내는 표현이다. 격하게 공감할 때 이 표현을 사용할 수 있다.

14-5

conversation

You took the words right out of my mouth

[유 툭 더 워r즈 r롸잇 아웃 어v브 마이 마우th쓰]

내 말이 그 말이야

내가 하려던 말을 상대방이 먼저 했을 때 말을 내 입에서 가로챈
것 같다고 비유해서 말하는 표현이다.

안 그래도 그 얘기 하려고 했어. = I was just about to say that.

15

conversation

It's a long story

[잇츠 어 롱 스토어r리]

말하자면 길어

상대방에게 자세한 이야기를 하기에는 너무 복잡하거나 길
다는 뜻의 표현이다. 말 그대로 긴 이야기라서 설명하는 데
시간이 많이 걸린다는 뜻이다.

Come to think of it

[컴 투 th띵크 어v브 잇]

생각해 보니까 말이야

이전에 생각하지 못했던 무언가를 상기시키면서, 새로운
아이디어나 정보를 제시할 때 사용하는 표현이다.

For what it's worth

[f포어r 윗 잇츠 월rth쓰]

그냥 내 생각일 뿐이지만

자신이 제공하는 정보나 조언이 그다지 유용하지 않을 수 있지만, 그래도 전달해 보고자 할 때 사용하는 표현이다.

의견을 말할 때 앞에다가 For what's it's worth를 붙이면 다양한 상황에서 사용할 수 있다.

It didn't cross my mind

[잇 디든t 크r로스 마이 마인드]

생각이 나지 않았어

말하는 사람이 무언가를 기억하지 못했을 때 사용하는 표현이며 반대로 기억이 났을때는 It did cross my mind라고 표현할 수 있다.

19 Let's get this out in the open

[렛츠 겟 디스 아웃 인 디 오우펀]

까놓고 이야기하자

편하게 모든 걸 드러내고 이야기하고 싶을 때 사용할 수 있는
표현이다.

I'm going to have to get this off my chest

[암 고우잉 투 해v브 투 겟 디스 오f프 마이 체스트]

털어놓고 말하고 싶어

|Get something off one's chest| = 답답한 것을 털어놓다

내 마음속에 있는 답답한 기분을 말하고 싶을 때 사용할 수 있는 표현이다.

I'm going to level with you

[암 고우잉 투 레벌 윝h 유]

너한테 솔직하게 말할게

Level with someone은 상대방에게 솔직하게 말하겠다는 뜻이다.

나한테 솔직히 말해 줘. = Level with me.

Let me walk you through it

[렛 미 웍 유 th쓰루 잇]

내가 설명해 줄게

| Walk somebody through something | = 차근차근, 구체적으로 자세하게 설명하다

Let me explain 대신 사용할 수 있는 표현이다.

나한테 자세히 설명해 봐. = Please, walk me through it.

21
conversation

Are you with me?

[아r 유 윈th 미?]

내 말 이해돼?

내가 한 말을 진짜로 알아들었는지 확인하고 싶을 때 사용하는 표현이다. 이렇게 물어보면, 다른 사람들이 내 의견을 이해하고 동의할 수 있도록 추가적인 설명을 해 줄 수 있다.

Do I make myself clear?

[두 아이 메익 마이셀f프 클리어?]

내 말 알아들었지?

단호하게 말할 때, 앞의 내용을 강조하고 싶을 때, 사용하는 강한 뉘앙스의 표현이다.

You get the idea

[유 겟 디 아이디어]

무슨 말인지 알겠지?

'센스있게 알아들었지?'라는 뉘앙스의 표현이다.

I understand 보다 캐쥬얼하게 I get the idea라고 말할 수 있다.

22 Fill in the blanks?

conversation

[f필 인 더 블랭스?]

알아맞혀 볼래?

원래 뜻은 '빈칸을 채우세요'지만 '알아 맞춰 봐'라고 말할 때도 사용한다.

비슷한 표현 = Can you take a guess?/Can you guess?

Don't you see?

[돈 츄 씨?]

모르겠어?

'안 보이니?'라는 뜻이 아니라 상대방에게 이해하였는지 물어보는 표현이다.

비슷한 표현 = Can't you understand?

What are you getting at?

[윗 아r 유 게링 앳?]

무슨 말을 하려는 거야?

상대방에게 단도직입적으로 말하라는 뜻의 표현으로 Tell me directly라고도 표현할 수 있다.

무슨 말을 하려는 건지 모르겠어. = I don't know what you're getting at.

I don't follow you

[아이 도운t f팔로우 유]

무슨 말인지 모르겠어

무슨 말인지 잘 이해가 가지 않을 때 I don't understand 대신 사용할 수 있는 표현이다. 미드에서 '모르겠다'라는 뜻으로 자주 등장한다.

It's all gibberish to me

[잇츠 올 지바r리쉬 투 미]

무슨 말인지 하나도 모르겠어

| Gibberish | = 횡설수설

다른 사람이 한 말이 하나도 이해되지 않을 경우에 사용하는 표현이다.

비슷한 표현 = It's all Greek to me

What do you mean by that?

[웟 두 유 민 바이 댓?]

그게 무슨 뜻이야?

상대방이 한 말의 뜻을 다시 물어보며 따지는 듯한 표현이다.

I got the point
[아이 갓 더 포인트]

무슨 말인지 이해됐어

보통은 '이해했어'라는 말을 영어로 하면 I understand만 떠올리지만 원어민들은 이 표현도 자주 사용한다.

25 You sound like a broken record

[유 사운드 라익 어 브r로큰 r레커드]

계속 같은 말을 반복하잖아

Broken record는 망가진 레코드 판이 튀면서 계속 같은 소리를
반복하듯이 같은 말을 하는 사람을 비유하는 표현이다.

같은 말을 계속 반복하는 것 같지만… = I know I sound like a
broken record but…

26
conversation

Get (straight) to the point

[겟 (스트r레잍) 투 더 포인트]

본론으로 들어가다

대화 중에 계속 딴소리를 하는 사람에게 요점만 말하라는
뜻으로 사용할 수 있다.

제발 본론만 말씀해 주세요. = Can we get to the point, please?

What's your point?

[웟츠 요어r 포인트?]

요점이 뭐야?

상대방을 콕 찝어서 이야기 하기 좀 꺼려질 때는 What's the
point?로도 표현할 수 있다.

빨리 요점만 말해 줄래? = Can you get to the point?

Let's cut to the chase

[렛츠 컷 투 더 체이스]

본론으로 들어갑시다

대화를 시작할 때 다른 이야기하지 말고 곧장 본론부터 얘기하자고 할 때 사용할 수 있는 표현이다.

I'll boil it down for you

[아일 보일 잇 다운 f포어r 유]

간단히 얘기할게/요점만 얘기할게

너무 내용이 긴 경우 제일 중요한 점만 요약해서 말해 주겠다는
뜻의 표현이다.

At the end of the day

27
conversation

[앳 디 엔드 어v브 더 데이]

결국에는/결국 가장 중요한 것은

가장 중요한 사실을 강조할 때 사용하는 표현으로 미드에 단골로 등장하는 표현!

비슷한 표현 = In the end / In conclusion

28

conversation

Let me get this straight

[렛 미 겟 디스 스트r레잍]

이건 분명히 하자

어떤 이야기를 듣고 나서 확실하게 이해했는지 확인할 때 사용하
는 표현이다. 네 말을 정리하면, 확실하게 짚고 넘어 가자라는 뜻

29 conversation

Spit it out
[스핏 잇 아웃]

숨기지 말고 다 털어놔

'뱉어 내'라는 뜻도 있지만 모든 정보를 정직하게 알려 달라고 할 때 사용할 수 있다.

Please tell it like it is

[플리즈 텔 잇 라익 잇 이즈]

있는 그대로 말해줘

거짓이나 과장 없이 그냥 있는 그대로 말해달라는 표현이다.

I hear you loud and clear

[아이 히얼r 유 라우드 앤드 클리어r]

잘 알아들었어/잘 들려

무선통신 할 때 잘 들린다는 뜻으로 사용했던 말로, 어떤 기분
인지 이해한다는 뜻으로 사용한다.

줄여서 Loud and clear라고 하기도 한다.

Show somebody the rope

[쇼우 섬바디 더 r로웁]

방법을 알려주다

| Learn the ropes | = 일을 배우다, 방식을 익히다

마치 로프 묶는 법을 가르쳐 주는 것처럼 일을 가르쳐 준다는 뜻이다.

Teach somebody the ropes라고도 할 수 있다.

내가 방법을 알려주마. = I'm going to show you the ropes.

Last but not least
[래스트 벗 낫 리스트]
끝으로 중요한 말 더하자면

말을 끝내기 전에 이 표현을 사용하면 내가 하는 말이 중요하다
는 것을 인식시킬 수 있다. 하지만 이 표현이 등장하면 말이 쉽게
끝나지 않을 것을 암시한다.

I'm having second thoughts about it

[암 해v빙 세컨드 th똣츠 어바웃 잇]

의구심이 들어/다시 생각해 봐야겠어

이미 결정을 내린 후에 다시 생각해서 마음이 바뀔 가능성이 있을 때 사용할 수 있는 표현이다.

비슷한 표현 = We might change our minds.

It dawned on me ~

[잇 돈드 언 미]

~가 이해되기 시작했어

| Dawn on someone | = ~에 대해 깨닫게 되다, 이해가 되다

그전에는 잘 몰랐던 것이 명확히 이해되기 시작했을 때 사용할 수 있는 표현이다.

전혀 몰랐다. = It never dawned on me.

I have a hunch

[아이 해v브 어 헌치]

~한 느낌이 들어

| hunch | = 육감, 예감

그녀가 거짓말하는 느낌이 들어. = I have a hunch that she's lying
to me.

It didn't strike you as odd?

[잇 디든t 스트r라익 유 애즈 아드?]

이상하다는 느낌이 들지 않았어?

이상하단 느낌 안 들었어?

뭔가 이상한 일이 생겼을 때 상대방에게 뭔가 심상치 않은 느낌을 받지 않았냐고 물어보는 표현이다.

비슷한 표현 = Didn't you think that was strange(weird)?

37
conversation

It just hit me that

[잇 저스트 힛 미 댓]

갑자기 떠올랐어

갑자기 떠올랐어!

어떤 생각이 갑자기 머리를 강하게 때리는 느낌을 받았을 때 사용할 수 있는 표현이다.

내일 시험 있는 게 갑자기 떠올랐어. = It just hit me that I have a test tomorrow.

38

conversation

Let me sleep on it

[렛 미 슬립 언 잇]

좀 더 생각해 볼게

하룻밤 자면서 천천히 생각하고 알려 주겠다는 뜻의 표현이다.

더 생각해 봐. = you can sleep on it.

That's how I take it

[댓츠 하우 아이 테익 잇]

난 그렇게 생각하고 있어

Take it 뜻은 '무엇인가를 받아들인다' 라는 뜻으로, 상대방의 발언 또는 행동을 본인의 해석에 따라 이해하겠다는 것을 나타낸다. 이 표현은 논쟁이나 의견 차이에서 자신의 입장을 확실히 전달 하고자 할 때 사용한다.

You do the math

[유 두 더 매th쓰]

잘 생각해 봐

직역하면 '계산해 봐'지만 상대방에게 어떤 문제를 본인 스스로 잘 생각해 보라는 뜻으로도 사용한다.

41 Stick around

41
conversation

Stick around

[스틱 어r라운드]

어디 가지 않고 머무르다

직역하면 '주변에 붙어있다'라는 뜻으로, '어떤 장소에서 떠나지 않고 있다', '조금 더 머무르다'라는 의미로 많이 사용되는 표현이다.

조금 더 있을게. = I'll stick around.

조금 더 머무르지 그래? = Why don't you stick around?

감정

EMOTION

① 슬픔

Weighing on my mind [웨이잉 언 마이 마인드]

I'm in over my head [암 인 오우바r 마이 헤드]

That hurts [댓 헐r츠]

I pity you [아이 피티 유]

I can't get over it [아이 캔t 겟 오우바r 잇]

② 화

He's a bad apple [히즈 어 배드 애펄]

Sorry doesn't cut it [써r뤼 더즌t 컷 잇]

Throw a fit [th뜨로우 어 핏]

Take it out on somebody [테익 잇 아웃 언 섬바디]

Lose one's temper (with somebody)

[루즈 원즈 템퍼 (윋th 섬바디)]

You want to make something out of it?

[유 원투 메익 섬th띵 아웃 어v브 잇?]

Have a run-in with somebody

[해v브 어 r런 인 윋th 섬바디]

You wanna play hardball? [유 워너 플레이 하알r드볼?]

Don't call me names [도운t 콜 미 네임즈]

It was a cheap shot [잇 워즈 어 칩 샷]

Are you pulling my leg? [아r 유 풀링 마이 레그?]

How dare you! [하우 데얼r 유!]

Are you out of your mind?

[아r 유 아웃 어v브 요어r 마인드?]

He's gonna go nuts [히즈 고너 고 넛츠]

Do I have to spell it out (for you)?

[두 아이 해v브 투 스펠 잇 아웃 (f포어r 유)?]

③ 지겹다/짜증난다   It is such a drag [잇 이즈 서치 어 드r래그]

④ 왜 이 얘기를 지금   Why are you springing this on me now?

하는거야?   [와이 아r 유 스프r링잉 디스 언 미 나우?]

⑤ 진심으로 하는   You don't mean to say that

말은 아니겠지   [유 도운t 민 투 세이 댓]

6 분위기를 망치다	Spoil the fun [스포일 더 f펀]
7 꼴좋다	Serves you right [설rv브즈 유 r롸잇]
8 날 곤란하게 만들었어	You pulled the rug out from under me
	[유 풀드 더 r러그 아웃 f프r럼 언더r 미]
9 배신	Throw someone under the bus
	[th뜨로우 서뭔 언더r 더 버스]
	You sold me out [유 소울드 미 아웃]
	You walked down on us
	[유 웍드 다운 언 어스]
	You left us out in the cold
	[유 레f프트 어스 아웃 인 더 코울드]
	How dare you throw it back in my face?
	[하우 데어r 유 th뜨로우 잇 백 인 마이 f페이스?]
10 마음이 떠나다 /	Have one foot out the door
한 발을 빼다	[해v브 원 f풋 아웃 더 도어]

놀람

I'm not buying that [암 낫 바이잉 댓]

Get goose bumps [겟 구스 범스]

You caught me off guard [유 컷 미 오f프 가아r드]

I'm just a little stunned

[암 저스트 어 리털 스턴드]

You can't be serious [유 캔t 비 시어r리어스]

Far-fetched [파r 페치트]

I never heard of such a thing

[아이 네바r 헐r드 어v브 서치 어 th띵]

Now I've heard everything

[나우 아이브 헐r드 에브리th띵]

Raise one's eyebrows

[r레이즈 원즈 아이브r라우즈]

You are starting to creep me out

[유 아r 스타아r링 투 크r립 미 아웃]

PART 5

I don't want to freak you out

[아이 도운t 원투 f프r릭 유 아웃]

How do you like that? [하우 두 유 라익 댓?]

It's gonna knock your socks off [잇츠 거너 낙 요어r 삭스 오f프]

12 경고 Don't make a scene [도운t 메익 어 씬]

You can't boss me around [유 캔t 바스 미 어r라운드]

Out of line [아웃 어v브 라인]

Watch your tongue [와치 요어r 텅]

Don't give me that [도운t 김미 댓]

Make no mistake [메익 노 미스테익]

You owe me an apology [유 오우 미 언 어팔러지]

There is no excuse for it [데얼r 이즈 노 익스큐스 f포어r 잇]

Save it [세이브 잇]

You should keep your head down [유 슈드 킵 요어r 헤드 다운]

13 조언 Don't take it personally [도운t 테익 잇 펄r서널리]

I don't want to rain on your parade

[아이 도운t 원투 r레인 언 요어r 퍼r뤠이드]

That is really hard for me to say, but...

[댓 이즈 r릴리 하알r드 f포어r 미 투 세이, 벗]

It's not good to keep that bottled up inside

[잇츠 낫 귿 투 킵 댓 바털드 업 인사이드]

Don't give it a second thought [도운t 기브 잇 어 세컨드 th똣]

Don't sweat it [도운t 스웻 잇]

Count your blessings [카운트 요어r 블레싱즈]

Think outside the box [th띵크 아웃사이드 더 박스]

Grow a pair [그r로우 어 페어r]

Don't judge a book by its cover [도운t 저지 어 북 바이 잇츠 커버]

14 진정

Don't go too far [도운t 고우 투 f파r]

Let's not get ahead of ourselves

[렛츠 낫 겟 어헤드 어v브 아우얼r셀v브즈]

Don't get too hung up on it [도운t 겟 투 헝 업 언 잇]

Take it easy [테익 잇 이지]

Easy does it [이지 더즈 잇]

Just be yourself [저스트 비 요어r셀프f]

Just go with it [저스트 고우 윋th 잇]

Keep your shirt on [킵 요어r 셔r트 언]

15 위로 I've been there [아이브 빈 데얼r]

Been there and done that [빈 데얼r 앤드 던 댓]

Everything happens for a reason

[에브리th띵 해펀즈 f포어r 어 r리전]

Don't beat yourself up [도운t 빗 요어r셀f프 업]

It's not the end of the world [잇츠 낫 디 엔드 어v브 더 월r드]

In the wrong place at the wrong time

[인 더 r룅 플레이스 앳 더 r룅 타임]

Perk up / Perk somebody up [퍽 업 /퍽 섬바디 업]

I won't hold It against you [아이 워운t 홀드 잇 어겐스트 유]

Why don't you lighten up? [와이 던 츄 라이튼 업?]

Why don't you loosen up a little? [와이 던 츄 루선 업 어 리털?]

What a shame [웟 어 셰임]

Welcome to my world [웰컴 투 마이 월r드]

Weighing on my mind

[웨이잉 언 마이 마인드]

마음이 괴롭다/마음이 무겁다

무엇 때문에 마음이 복잡하거나 신경이 많이 쓰일 때 사용할 수
있는 표현이다.

마음에 걸리는 것이 있다. = I have things weighing on my mind.

I'm in over my head
[암 인 오우버r 마이 헤드]
너무 걱정이 돼/감당이 안 돼

|In over one's head| = 능력 밖인, 힘에 벅차서

비슷한 표현 = This is too much for me.

1-3

That hurts

[댓 헐r츠]

마음이 아파

상처받은 감정 등을 표현할 수 있다. 상대방의 행동이 다른 사람에게 상처를 주었다는 것을 표현한다.

I pity you

[아이 피티 유]

불쌍해

|Pity| = 연민, 동정심을 느끼다

상대방에게 측은한 감정이 들 때 사용하거나 비꼬아서 말할 때도 사용하는 표현이다.

1-5

emotion

I can't get over it

[아이 캔t 겟 오우버r 잇]

아직도 못 잊겠어

과거에 일어난 어떤 일이나 상황에 대해 강한 감정을 가지고 있어 잊어버리지 못하는 경우에 사용할 수 있다.

He's a bad apple

[히즈 어 배드 애펄]

그는 암적인 존재야

남에게 악영향을 미치는 사람을 영어로 Bad apple이라고 한다.
상한 사과 한 개가 멀쩡한 사과까지 상하게 만든다는 이유에서
생겨난 표현이다. A rotten apple이라고도 표현한다.
썩은 사과 하나가 한 통의 사과를 망친다. = One rotten apple
spoils the barrel.

2-2 Sorry doesn't cut it

[써r뤼 더즌t 컷 잇]

미안하다고 하면 다야?

상대방이 진심으로 반성하지 않으면서 말로만 미안하다고 사과하는 경우에 사용할 수 있는 표현이다.

비슷한 표현 = Saying sorry doesn't mean anything.

Throw a fit

[th뜨로우 어 핏]

노발대발하다

일반적인 '화'를 표현하는 angry, upset, mad보다 격한 표현이다.

넌 안 좋은 일이 일어날 때마다 노발대발하잖아. = Every time
something bad happens, you throw a fit.

Take it out on somebody

[테익 잇 아웃 언 섬바디]

(~에게) 화풀이를 하다

스트레스나 분노의 감정을 다른 사람에게 표출할 때 사용하는 표현으로 부정적인 뉘앙스가 강하다.

누군가 나에게 화풀이를 한다면 Don't take it out on me라고 말할 수 있다.

Lose one's temper (with somebody)

[루즈 원즈 템퍼 (윋th 섬바디)]

버럭 화를 내다/성질을 내다

Temper는 주로 욱하는 성질을 나타내며 화가 버럭 났을 때 주로 사용하는 표현이다.

어제 화내서 미안해. = I'm sorry that I lost my temper yesterday.

욱하는 성질이 있어. = I have a temper.

You want to make something out of it?

[유 원투 메익 섬th띵 아웃 어v브 잇?]

싸우자는 거야? 한번 붙어볼래?

| Make something out of it | = 싸우다, 한번 붙어보다

Fight 대신 사용할 수 있는 표현이다.

신경쓰지마, 그 일로 싸우려고 하지 마. = Forget it. Don't try to make something out of it.

2-7

emotion

Have a run-in with somebody

[해v브 어 r런 인 윝h 섬바디]

누군가와 싸움 또는 언쟁을 하다

그녀하고 한바탕했어. = I had a run-in with a girl.

제임스와 한바탕했다며. = I heard about your run-in with James.

2-8

emotion

You wanna play hardball?

[유 워너 플레이 하알r드볼?]

세게 나오겠다 이거야?

Play hardball은 원하는 것을 얻기 위해 세게 나올 때 사용할 수 있는 표현이다.

그는 아주 단호하게 나오고 있어. = He's playing hard ball.

Don't call me names

[도운ㅌ 콜 미 네임즈]

욕하지 마/험담하지 마

Call me names는 이름을 부른다는 뜻이 아니라 험담이나 욕을
한다는 뜻이다.

그만 욕해. = You better stop calling me names.

2-10 It was a cheap shot

[잇 워즈 어 칩 샷]

비열한 짓이야

Cheap shot은 누군가 저속하고 비열한 행동, 언행을 한 경우에 사용할 수 있는 표현이다.

그는 비열한 짓이라는 걸 알고 있었어. = He knew it was a cheap shot.

2-11
emotion

Are you pulling my leg?
[아r 유 풀링 마이 레그?]

누구 놀리는 거야?

친한 상황에서 사용하는 표현으로 상대방이 농담을 하는지 진
실을 말하는 건지 확인하고 싶을 때 사용할 수 있다.

비슷한 표현 = Are you kidding me?

How dare you!

[하우 데얼r 유!]

네가 뭔데/네가 감히

상대방이 버릇없게 말 또는 행동을 할 때 사용할 수 있는 표현이다.

네가 뭔데 감히 그런 말을 해. = Who are you to say something like that?

Are you out of your mind?

[아r 유 아웃 어v브 요어r 마인드?]

너 제정신이야?

Are you crazy? 대신 사용할 수 있는 표현이다.

너 돌았구나? = Are you insane?(미쳤다는 뉘앙스가 강하니 조심)

너는 구제불능이야. = You never learn.

He's gonna go nuts

[히즈 고너 고 넛츠]

개가 무척 화낼 거야

|Go nuts| = 미쳐버리다, 화내다

일반적으로 Go crazy와 비슷한 표현으로 일상적인 대화나 비격식적인 상황에서 사용되며, 공식적인 상황에서는 적절하지 않은 표현이다.

Do I have to spell it out (for you)?

[두 아이 해v브 투 스펠 잇 아웃 (f포어r 유)?]

꼬치꼬치 얘기해야 알아들어?

굳이 설명하지 않아도 되는 일이나, 이미 설명한 이야기를 상대 방이 눈치 없이 못 알아 들을 때 사용할 수 있는 표현이다.

3
emotion

It is such a drag

[잇 이즈 서치 어 드r래그]

지겹다/짜증난다

A drag는 짜증나는 일 또는 질질 끄는 사람을 표현할 때 Annoying 대신 사용할 수 있는 표현이다.

이 집에 사는 것은 정말 짜증난다/지겹다. = Living at home is such a drag.

Why are you springing this on me now?

[와이 아r 유 스프r링잉 디스 언 미 나우?]

왜 이 얘기를 지금 하는 거야?

Spring this on somebody는 '~가 예상도 못하고 준비도 안 된 상태에서 말을 꺼내다'라는 뜻이다.

임박해서 말하는데./닥쳐서 말하는데. = I'm springing this on you at the last minute.

5 You don't mean to say that

emotion

[유 도운ㅓ 민 투 세이 댓]

진심으로 하는 말은 아니겠지

일반적으로 놀라운 소식에 대해 반응할 때나 예상치 못한
상황에서 사용할 수 있는 표현이다.

Spoil the fun

[스포일 더 f펀]

분위기를 망치다

좋았던 분위기를 망치다, 썰렁하게 만든다는 뜻이다.

즐거웠던 분위기를 상대방이 망치면 You spoiled the fun이라고
표현할 수 있다.

7

emotion

Serves you right

[설rv브즈 유 r라잇]

꼴좋다

원래 표현은 It serves you right로 상대방이 얄밉게 굴다가 보기
좋게 당했을 때 '꼴좋다', '쌤통이다'라고 하는 표현이다.

You pulled the rug out from under me

[유 풀드 더 r러그 아웃 f프r럼 언더r 미]

날 곤란하게 만들었어

Pull the rug out from under me는 누군가 내 발밑에 있던 러그를
확 뺀 것처럼 곤란할 때 사용하는 표현이다.

Throw someone under the bus

[th뜨로우 서뭔 언더r 더 버스]

배신하다/희생시키다

나만 살기 위해서 누군가를 버스 밑으로 던져버리는 모습을 상
상하면 이해가 쉽다.

넌 나를 배신했어. = You threw me under the bus.

You sold me out

[유 소울드 미 아웃]

넌 날 배신했어

Sell somebody out은 말 그대로 누군가를 팔아넘기거나 배신한 사람에게 사용할 수 있는 표현이다.

난 친구를 배신하지 않아. = I don't sell out my friends.

You walked down on us

[유 웍드 다운 언 어스]

넌 우리를 버렸어

Walk down on somebody는 상대가 자신을 필요로 하는데 버리
고 가버렸다는 뜻이다.

넌 왜 가족을 돌보지 않고 버렸냐? = Why did you walk out on
your family?

You left us out in the cold

[유 레프f트 어스 아웃 인 더 코울드]

우리를 따돌렸어

Leave somebody out in the cold는 누군가를 특정 상황에서 제외
시키거나 따돌린 경우에 사용하는 표현이다.

How dare you throw it back in my face?

[하우 데어r 유 th뜨로우 잇 백 인 마이 f페이스?]

어떻게 그렇게 뒤통수를 칠 수 있어?

Throw it back in my face는 잘해준 사람에게 오히려 뒤통수를 맞았을 때 사용할 수 있는 표현이다.

그녀는 나의 뒤통수를 치고 있어. = She throws it back in my face.

Have one foot out the door

[해v브 원 f풋 아웃 더 도어r]

마음이 떠나다/한 발을 빼다

이미 마음이 반쯤 떠났다는 뜻으로 어떤 사람의 마음이 떠나 한
발만 걸치고 있는 모습을 상상하면 기억하기 쉽다.

그는 이미 마음이 떠났어. = he has one foot out the door.

I'm not buying that

[암 낫 바이잉 댓]

못 믿겠어

친구가 한 말을 믿을 수 없을 때 I don't think that's true 대신 사
용할 수 있는 표현이다.

못 믿어. = I don't buy it.

너 이걸 믿는 건 아니지? = You're not buying it right?

11-2
emotion

Get goose bumps

[겟 구스 범스]

소름이 돋다/닭살이 돋다

같은 표현 = Have goose bumps.

우리말로는 닭살이 돋는다고 하지만 영어로는 Goose bump라고

표현한다.

나 소름 돋았어. = I had/got goose bumps.

You caught me off guard

[유 컷 미 오f프 가아r드]

깜짝 놀랐어

Surprised 대신 원어민들이 자주 사용하는 표현이다.

비슷한 표현 = I was taken by surprise.

I'm just a little stunned

[암 저스트 어 리틀 스턴드]

좀 어리둥절해/좀 충격적이야

I'm stunned는 어떤 일 때문에 충격을 받았을 때 I'm shocked / I'm surprised 대신 사용할 수 있는 표현이다.

비슷한 표현 = I can't believe it.

11-5 You can't be serious

emotion

[유 캔t 비 시어r리어스]

말도 안 돼

상대방의 행동이나 말이 너무 놀랍거나 믿기 어려운 경우 사용하는 표현이다.

비슷한 표현 = Are you serious?

11-6 Far-fetched

emotion

[f파r 페치트]

말도 안 돼

너무 터무니없는 소리처럼 들려. = It sounds far fetched.

비슷한표현 = That doesn't make sense. / That's outrageous. /

That's ridiculous.

감정

11-7

emotion

I never heard of such a thing

[아이 네버r 헐r드 어v브 서치 어 th띵]

그런 얘긴 처음 들어 봐

이런 일은 처음이야. = That's a new one for me.

이건 있을 수가 없는 일이야. = This can't be happening.

Now I've heard everything

[나우 아이브 헐r드 에브라th띵]

살다 보니 별 말을 다 듣네

놀랄만한 일이나 충격적인 상황을 경험하고 사용하는 표현이다.

믿기 어려운 일에 대한 놀라움을 표현하는 데 사용할 수 있다.

Raise one's eyebrows

[r레이즈 원즈 아이브r라우즈]

눈살을 찌푸리게 하다

우리가 놀라운 소식을 듣거나 충격을 받았을 때 눈썹을 치켜드는 모습을 말한다.

그건 사람들의 눈살을 찌푸리게 할 거야. = It's gonna raise eyebrows.

11-10
emotion

You are starting to creep me out

[유 아r 스타아r링 투 크r립 미 아웃]

나 정말 겁나게 시작해

다른 사람이 나에게 불쾌하거나 무서운 느낌을 줄 때 사용할 수 있는 표현으로 누군가 나를 너무 가까이 따라다니는 경우의 상황을 생각하면 된다.

I don't want to freak you out

[아이 도운ㅌ 원투 f프r릭 유 아웃]

너를 놀라게 하고 싶지는 않아

놀랄만한 정보를 말하기 전에 미리 경고하는 표현으로 마음의 준비를 하라는 뜻이다.

11-12

emotion

How do you like that?

[하우 두 유 라익 댓?]

좀 황당하지 않냐?

블랙핑크의 노래 제목으로도 유명한 표현이다. 부정적인 표현으로 사용하려면 뒤에 that을 강하게 표현하면 된다. 상대방에 '어떠냐?', '황당하지 않냐?' 라는 뜻으로 사용할 수 있다.

11-13
emotion

It's gonna knock your socks off
[잇츠 거너 낙 요어r 삭스 오f프]

넌 깜짝 놀랄 거야

직역하면 '당신의 양말을 날려버릴 것이다'지만 좋은 의미에서
'놀라운 경험', '매우 인상적일 거야' 라는 의미로도 사용할 수 있는
표현이다.

Don't make a scene

[도운ㅓ 메익 어 씬]

소란 피우지 마!

Scene은 영화의 한 장면이라는 의미로 익숙하지만, 대화 중에 등장하면 보통 '야단법석을 떨다', '문제를 일으키다'라는 뜻으로 사용된다.

소란 피우지 말죠. = Let's not make a scene.

그만 야단법석 떨어. = Stop making a scene.

You can't boss me around

[유 캔t 바스 미 어r라운드]

나한테 이래라저래라 하지마

| Boss somebody around | = 이래라저래라하다

나한테 이래라저래라 좀 그만해. = Stop bossing me around.

Out of line
[아웃 어v브 라인]

도가 지나치다

Act out of line이라고도 표현할 수 있다.

너 완전 선 넘었어. = you're so out of line.

제가 선을 넘었죠. = I was out of line.

Watch your tongue

[와치 요어r 텅]

말조심하세요/말조심해

말투에 주의하라는 뜻이다.

비슷한 표현 = watch your language. / watch your mouth.

Don't give me that

[도운t 김미 댓]

변명하지 마!

상대방의 말이나 행동이 믿을 만하지 않거나, 거짓말이라고 생각할 때 사용하는 표현이다. 친구가 약속을 어기고 거짓말을 하면 Don't give me that 이라고 할 수 있다.

Make no mistake

[메익 노 미스테익]

분명히 얘기해 두는데/경고하는데

뒤에다가 About it을 붙여서 Make no mistake about it이라고도 표현할 수 있다.

12-7

emotion

You owe me an apology

[유 오우 미 언 어팔러지]

너 나한테 사과해야 돼

상대방이 뻔뻔하게 나올 때, 상대방이 원만하게 사과를 잘하려고 하지 않을 때 사용할 수 있는 표현이다.

12-8 There is no excuse for it

[데얼r 이즈 노 익스큐스 f포어r 잇]

그건 변명의 여지가 없어

어떤 행동이나 일에 대해 변명할 여지가 없다는 것을 나타내며 일어나지 말아야 할 일이 일어났을 때 따끔하게 다그치는 표현 이다.

Save it

[세이브 잇]

핑계대지 마

저장하라는 뜻도 있지만 '그만해'라는 뜻으로도 사용할 수 있다.

You should keep your head down

[유 슈드 킵 요어r 헤드 다운]

너 조용히 지내야 해

|Keep one's head down| = 조용히 지내다

말 그대로 머리를 숙이고 사람들의 시선을 피해서 지낸다는 뜻
이다.

13 Don't take it personally

[도운 테익 잇 펄r서널리]

기분 나쁘게 받아들이지 마

상대방이 한 말이나 행동을 자신에 대한 비난이나 공격으로 받아들이지 말라는 것을 나타내는 표현이다. 보통은 안좋은 말을 하고서는 '개인적으로 받아들이지 마세요'라는 뜻으로 사용된다.

I don't want to rain on your parade

[아이 도운t 원투 r레인 언 요어r 퍼r뤠이드]

너의 기분을 망치고 싶지는 않지만

다른 사람이 기쁨이나 성취에 대해 말할 때, 그들의 기분을 상하게 하거나 좌절시키지 않기 위해 사용하는 표현이다.

That is really hard for me to say, but...

[댓 이즈 r릴리 하알r드 f포어 미 투 세이, 벗]

나도 이런 얘기하기 정말 힘들지만

이 표현이 나온다면 뒤에 오는 말들은 정말 받아들이기 힘든 사실일 수도 있다. 보통은 하기 힘든 이야기를 꺼내야 하는 경우에 주로 사용된다.

It's not good to keep that bottled up inside

[잇스 낫 글 투 킵 댓 바털드 업 인사이드]

마음속에 담아두는 건 안 좋아

Keep something bottled up inside는 '마음속에 담아두다'라는 뜻으로 상대방에게 감정에 대해 이야기해도 괜찮다는 뜻이다.

Don't give it a second thought

[도운t 기브 잇 어 세컨드 th똣]

자꾸 생각하지 마

걱정하는 것도 한두 번이면 충분하다는 뜻의 표현이다. 이
표현은 다른 사람이 무언가를 걱정하거나 신경쓰고 있을
때, 더 이상 생각하거나 걱정할 필요가 없다는 것을 알려주
는 데 사용된다.

13-6

emotion

Don't sweat it

[도운t 스웻 잇]

신경 쓰지 마

스트레스를 받아서 진땀이 나는 모습을 상상하면 기억하기 쉽다.

신경쓰지 마. = Don't get too hung up on it.

Count your blessings

[카운트 요어r 블레싱즈]

가진 것에 감사하라

|Blessings| = 축복

현재 상태에 감사하고 행복하다는 것을 알라는 뜻의 표현이다.
이 표현은 부정적인 생각이나 우울한 감정에 대해 대처하거나,
어려운 상황에서 긍정적인 마인드를 유지하고자 할 때도 사용
할 수 있다.

Think outside the box

[th띵크 아웃사이드 더 박스]

고정관념에서 벗어나라

우물 안 개구리처럼 생각하지 말고 기존의 틀을 벗어나서 자유롭고 창의적으로 생각하라는 뜻이다.

우리는 고정 관념에서 벗어나야 해. = We must think outside the box.

13-9
emotion

Grow a pair
[그r로우 어 페어r]

배짱을 가져라

이 표현은 지금까지 실패 또는 어려움을 겪어온 상황에서 '용기를 내다', '배짱을 가지다'라는 뜻의 표현으로 보통은 남자에게만 사용된다.

남자답게 굴어. = Why don't you grow a pair?

남자답게 행동하라는 뜻의 노골적인 표현은 Grow some balls.

Don't judge a book by its cover

[도운ㅅ 저지 어 북 바이 잇츠 커버]

겉모습으로 판단하지 마라

이 표현은 무언가를 겉모습만 보고 판단하면 오해할 수 있기 때문에, 실제 내용을 확인해보고 판단하라는 뜻이다.

비슷한 표현 = Never judge by appearances. / Don't be fooled by appearances.

Don't go too far

[도운† 고우 투 파r]

너무 무리하지 마

감당할 수 없는 일은 하지 마라, 자신의 분수에 맞게 적당히 일을 하라는 뜻
이다.

비슷한 표현 = Don't over do it. / Don't go overboard.

14-2

emotion

Let's not get ahead of ourselves

[렛츠 낫 겟 어헤드 어v브 아우얼r셀v브즈]

너무 앞서가지 말자

직역하면 '우리 자신보다 앞서가지 말자'라는 뜻으로, 어떤 상황을 미리 예측하고 너무 들떠있는 상태에서 사용할 수 있는 표현이다.

김칫국부터 마시지 마세요. = Don't count your chickens before they hatch.

14-3
emotion

Don't get too hung up on it

[도운 겟 투 헝 업 언 잇]

너무 신경쓰지 마

직역하면 '그것에 너무 매달리지 마'라는 뜻으로 무언가에 너무 집 착하거나, 과도하게 신경쓰는 것이 오히려 해로울 때 사용된다.

비슷한 표현 = Relax. / Don't give too much thought.

Take it easy

[테익 잇 이지]

진정해

'편하게 해' 또는 '잘 쉬어'와 같은 뜻으로 사용할 수 있다. 이 표현
은 대개 상대가 너무 긴장하거나 스트레스를 받는 상황에서 사
용되며, 그들이 휴식을 취하도록 격려할 때 사용한다.

상대방과 작별 인사를 할 때, '잘 지내'라는 뜻으로도 사용할 수
있다.

Easy does it

[이지 더즈 잇]

천천히 해/조심조심해

이 표현은 어떤 작업을 수행하면서 조심해야 할 때 사용하거나 누군가 너무 거칠게 행동하는 경우에 조심스럽게 행동하라는 뜻 으로 사용할 수 있다.

Just be yourself

[저스트 비 요어r셀f프]

평소대로 자연스럽게 해

이 표현은 상대가 스트레스를 받거나 불안해할 때 사용할 수 있다. 그냥 있는 그대로 행동하라는 뜻이다.

Just go with it

[저스트 고우 윋th 잇]

그냥 그렇게 해 봐

상대가 너무 생각이 많아서 결정하지 못할 때 사용할 수 있는 표현이다. 너무 고민하지 말고 행동하라는 뜻이다.

14-8

emotion

Keep your shirt on

[킵 요어r 셔r트 언]

화내지 마

친구가 화를 내는 경우에 사용할 수 있는 표현으로 사람들이
화를 낼 때 옷을 던지는 행위에서 나온 표현이다.

15

emotion

I've been there

[아이브 빈 데얼r]

그 심정 이해해

어떤 이야기에 적극적으로 공감할 때 쓸 수 있는 표현이다.

우리도 모두 그런 적 있잖아. = We've all been there.

15-2 Been there and done that

emotion

[빈 데얼r 앤드 던 댓]

나도 다 겪어봐서 다 알아

원래 문장은 I have been there and I have done that이나 대화에서
는 줄여서 Been there and done that이라고 한다.

Everything happens for a reason

[에브리th띵 해펀즈 f포어r 어 r리전]

모든 일에는 일어나는 이유가 있다

원어민들이 자주 사용하는 위로의 표현이다. 긍정적으로 일이 해결될 것이라는 의미를 가지고 있다.

15-4 Don't beat yourself up

[도운t 빗 요어r셀f프 업]

너무 자책하지 마

너무 자책하지 마~

떨어졌어..

안타깝지만 귀하는..

Beat yourself up은 직역하면 '스스로를 마구 때리다'라는 뜻으로 '지나치게 자책하지 마'라는 표현이다.

비슷한 표현 = Don't blame yourself. / Don't be too hard on yourself.

It's not the end of the world

[잇츠 낫 디 엔드 어v브 더 월r드]

세상이 끝난 건 아니야

격려와 위로의 표현으로 생각하는 것만큼 상황이 심각하거나 나쁘지 않다는 뜻이다.

다른 위로의 표현은 다음과 같다.

그냥 넘어가다, 툭툭 털고 잊어버리다. = Brush it off.

그냥 잊어버리자. = Can we put this behind us?

지난 일은 잊어. = It's water under bridge.

In the wrong place at the wrong time

[인 더 r렁 플레이스 앳 더 r렁 타임]

운이 매우 나빴어

직역하면 잘못된 시점에 잘못된 장소에 있었다는 뜻으로, '운이
나빴어'라고 표현할 때 사용할 수 있는 표현이다.

그는 운이 매우 나빴어. = He was in the wrong place at the wrong
time.

15-7 Perk up / Perk somebody up

[펑 업/펑 섬바디 업]

기운을 차리게 하다

특히 질병이나 슬픔을 겪은 후에 사용할 수 있는 표현이다.

이 수프가 기운을 차리게 해 줄 거야. = This soup will perk you up.

기운 내세요. = Perk up. = Chin up.

I won't hold It against you

[아이 워운ㅌ 호울드 잇 어겐스트 유]

널 원망하진 않을 거야

Hold it against you는 과거에 받은 상처를 잊지 않고서는 계속 원망하는 감정을 나타내는 표현이다.

난 너한테 감정이 없다고 말했어. = I told you I didn't hold it against you.

Why don't you lighten up?

[와이 던 츄 라이트 업?]

얼굴 좀 펴

긴장하거나 걱정이 많아서 표정이 안 좋을 때, 상대방이 어떤 것을 심각하게 받아들이고 있을 때 이 표현을 사용할 수 있다.

Why don't you loosen up a little?

[와이 던 츄 루선 업 어 리털?]

긴장을 좀 풀어

이 표현은 다른 사람이 긴장하거나 걱정하는 모습을 보였을 때, 그들을 더 편안하게 만들어 주기 위해 사용된다. '**좀 더 편하게 있 어 봐**'라는 뜻으로 사용할 수 있다.

15-11

emotion

What a shame

[윗 어 셰임]

안타깝다/안됐구나

주로 불행한 상황이나 좋지 않은 일이 발생했을 때 사용된다.
상대방이 어떤 나쁜 일을 당했을 때 동정심을 나타내는 표
현이다.

Welcome to my world

[웰컴 투 마이 월r드]

나와 같은 처지네

직역하면 '나의 세계에 오신 것을 환영합니다'라는 뜻이지만, 상대방이 나와 같은 경험을 하는 경우 공감과 이해를 나타내는 표현이다.

다양한 표현

A VARIETY OF
EXPRESSIONS

1 성격/특성

I don't hold a grudge [아이 도운t 호울드 어 그r러지]

You're such a big talker [유어r 서치 어 빅 토커]

Jump the gun [점프 더 건]

Born with a silver spoon in one's mouth

[본 윝th 어 실버r 스푼 인 원즈 마우th쓰]

Bring home the bacon [브r링 호움 더 베이컨]

I'm not that naive [암 낫 뎃 나이브]

Micromanage [마익크r로우매니지]

2 속담

Speak of the devil [스픽 어v브 더 데벌]

The grass is always greener on the other side

[더 그r래스 이즈 올웨이즈 그r리너r 언 디 어더 사이드]

There is no such thing as a free lunch

[데얼 이즈 노우 서치 th띵 애즈 어 f프리 런치]

Every dog has its day [에브r리 도그 해즈 잇츠 데이]

It's a blessing in disguise [잇츠 어 블레싱 인 디스가이즈]

You can't have your cake and eat it too

[유 캔t 해v브 요어r 케익 앤드 잇 잇 투]

Beggars can't be choosers

[베거rz 캔t 비 추저rz]

Perfect storm [퍼펙트 스톰]

Add fuel to the fire [애드 f퓨얼 투 더 f퐈이얼r]

Word travels fast [워드 트래벌z f패스트]

③ 평생 단 한 번뿐인,   Once-in-a-lifetime

일생에 한 번의   [원스 인 어 라이프타임]

④ 비장의 무기, 히든 카드   An ace up one's sleeve

[언 에이스 업 원z 슬리브]

⑤ 안 봐도 비디오다   I think I see where this is going

[아이 th띵크 아이 시 웨얼r 디스 이즈 고우잉]

⑥ 너무 뻔하잖아   It's such a cliche [잇스 서치 어 클리셰이]

⑦ 이미 기회를 놓쳤다   That ship has sailed [댓 쉽 해즈 세일드]

8 쌀쌀맞게 대하다

Give somebody the cold shoulder

[기v브 섬바디 더 코올드 쇼울더r]

9 비밀

Get to the bottom of it [겟 투 더 바름 어v브 잇]

Rat somebody out [r랫 섬바디 아웃]

The cat's out of the bag [더 캣츠 아웃 어v브 더 배그]

I'm not one to kiss and tell [암 낫 원 투 키스 앤드 텔]

Why don't you catch us up?

[와이 던츄 캐치 어스 업?]

I'll keep you in the loop [아일 킵 유 인 더 룹]

I'm going to poke around

[암 고우잉 투 포욱크 어r라운드]

The jig is up [더 지그 이즈 업]

Sweep (something) under the carpet/rug

[스윕 (섬th띵) 언더r 더 카알r펏/r뤄그]

Don't tell a soul [도운t 텔 어 소울]

⑩ 딴짓

Have one's head in the clouds

[해v브 원즈 헤드 인 더 클라우즈]

Flip through (something) [f플립 th뜨루 (섬th띵)]

Make a fool (out) of oneself

[메익 어 f풀 (아웃) 어v브 원셀f프]

Hooked on something [훅트 언 섬th띵]

Goof around [구f프 어r라운드]

I was somewhere else [아이 와즈 서뭴r 엘스]

I lost my train of thought

[아이 로스트 마이 트r레인 어v브 th똣]

I totally spaced out [아이 토우털리 스페이스드 아웃]

⑪ 혼란

I'm all mixed up [암 올 믹스드 업]

I have a lot on my mind [아이 해v브 어 랏 언 마이 마인드]

⑫ 어느 편도 들고

싫지 않아

I don't want to take sides

[아이 도운t 원투 테익 사이즈]

I don't hold a grudge

[아이 도운t 호울드 어 그r러지]

나는 뒤끝 없는 사람이야

| Hold a grudge | = 원한을 품다, 앙심을 품다

뒤끝 부리지 마. = Don't hold a grudge.

You're such a big talker

[유어r 서치 어 빅 토커]

넌 말만 앞서는구나

입은 살아있지만 행동은 전혀 안 하는 친구에게 사용할 수 있는
표현이다.

Jump the gun

[점프 더 건]

경솔하게 행동하다

달리기 시합에서 선수들이 출발 신호인 총소리가 나기도 전에 먼저 달려 나가는 것에서 생겨난 표현으로 누군가 신중하게 생각하지 않고 행동하는 경우를 뜻한다.

제가 경솔했다는 것 알아요. = I know I jumped the gun.

Born with a silver spoon in one's mouth

[본 윋th 어 실바r 스푼 인 원즈 마우th쓰]

부잣집에서 태어나다/금수저

> 내가 바로 금수저!

후후

금수저를 영어로는 은수저라고 표현한다. 서양의 부유한 집안에서 은으로 된 식기를 사용한 것에서 유래되었다.

그는 금수저야. = He was born with a silver spoon in his mouth.

Bring home the bacon

[브r링 호움 더 베이컨]

밥벌이를 하다/생활비를 벌다

직역하면 '집에 베이컨을 가져오다'라는 뜻으로 '가장으로서 생활비를
벌어 오다'라는 뜻이다.

한 집안의 생계를 책임지는 사람을 영어로 Breadwinner라고 표
현한다.

I'm not that naive

[암 낫 뎃 나이브]

나도 그 정도는 알아

누군가 나에게 자꾸 터무니없는 소리를 할 때 사용할 수 있는 표현이다.

비슷한 표현 = I wasn't born yesterday.

Micromanage

[마익크r로우매니지]

사소한 것까지 참견하다

~에 대해 세부적인 것까지 통제하다', '직원이 하는 일의 소소한 것까지 챙기다'라는 뜻이다.

사소한 것까지 그만 참견할래? = Can you stop micromanaging?

Speak of the devil

[스픽 어v브 더 데벌]

호랑이도 제 말 하면 온다

호랑이 대신 악마도 제 말하면 온다는 뜻의 표현이다. 어떤 사람의 이야기를 시작하는 순간 그 사람이 바로 등장하는 놀라운 상황에서 사용할 수 있다.

The grass is always greener on the other side

[더 그r래스 이즈 올웨이즈 그r리너r 언 디 어더 사이드]

남의 떡이 더 커 보인다

항상 남의 것이 더 좋고 커 보인다는 뜻의 표현이다. 외국에는 보통 집에 마당과 잔디가 있는데, 옆집 잔디가 더 푸르게 보인다는 뜻이다.

There is no such thing as a free lunch

[데얼 이즈 노우 서치 th띵 애즈 어 f프리 런치]

세상에 공짜는 없다

어떤 것을 얻기 위해서는 항상 대가를 치러야 한다는 것을 의미한다. 이 표현은 보통 무언가를 제공받은 후 상대방에게 대가를 치르게 되는 경우를 예상할 때 사용한다.

비슷한 표현 = Nothing is free in this world.

Every dog has its day

[에브r리 도그 해즈 잇츠 데이]

쥐구멍에도 볕 들 날이 있다

지금은 일이 잘 풀리지 않아도 언젠가는 성공할 기회가 주어지는 날이 있다는 표현이다.

비슷한 표현 = The best is yet to come. / There is a good time coming.

It's a blessing in disguise

[잇츠 어 블레싱 인 디스가이즈]

전화위복/뜻밖의 좋은 결과

| Blessing | = 축복, | in disguise | = 변장한

불행인 줄 알았던 것이 뜻밖의 좋은 결과를 가져다 주었다는 뜻
이다.

대화할 때는 간단하게 A blessing in disguise라고 한다.

You can't have your cake and eat it too

[유 캔t 해v브 요어r 케익 앤드 잇 잇 투]

두 마리 토끼를 다 잡을 순 없다

우리가 원하는 것 모두를 가질 수 없다는 뜻으로 사용되는
표현이다. 케이크를 먹으면서 동시에 가지고 있을 수는 없
는 것을 상상하면 기억하기 쉽다.

2-7

Beggars can't be choosers

[베거rz 캔t 비 추저rz]

찬밥 더운밥 가릴 때가 아니다

|Beggars| = 거지

거지에게는 선택권이 없다는 뜻으로 선택권이 없이 주어지는 대로 만족하며 받아들이라는 표현이다. 조건을 너무 많이 따지는 사람에게도 사용할 수 있다.

넌 선택권이 없다. = You're out of options. / You have no choice.

Perfect storm

[퍼펙트 스톰]

설상가상이다

한꺼번에 여러 안 좋은 일이 겹치면서 더할 수 없이 나쁜 상황, 최악의 상황이 된 것을 말한다. 일반적으로 자연재해, 경제위기 등과 같은 큰 사건을 묘사할 때 사용된다.

Add fuel to the fire

[애드 f퓨얼 투 더 f퐈이얼r]

불난 집에 부채질하다

말 그대로 불에다가 기름을 끼얹는다는 의미이다.

불난 집에 부채질 하지 마. = Don't add fuel to the fire.

Word travels fast

[워드 트래벌즈 f패스트]

발 없는 말이 천 리 간다

발 없는 말이 천 리 간다.

정확한 사실이 아닌 소문이 빠르게 퍼졌을 때 사용할 수 있는
표현이다.

3

a variety of expressions

Once-in-a-lifetime

[원스 인 어 라이프타임]

평생 단 한 번뿐인/일생에 한 번의

절호의 기회, 일생일대의 기회 = Once-in-a-lifetime opportunity

평생에 한 번밖에 없는 경험, 평생 단 한 번 하는 경험, 일생일대

의 경험 = Once-in-a-lifetime experience

4

a variety of
expressions

An ace up one's sleeve

[언 에이스 업 원즈 슬리브]

비장의 무기/히든 카드

직역하면 '내 소매 안에 숨어 있는/숨겨둔 에이스 카드'라는 뜻
으로 비장의 무기, 비장의 카드, 히든카드, 비책 등의 의미로 사용된다.
비장의 무기가 있다. = Have an ace up one's sleeve.

I think I see where this is going

[아이 th띵크 아이 시 웨얼r 디스 이즈 고우잉]

안 봐도 비디오다

See where this is going은 '이 상황이 어떻게 돌아가는지 알겠다'라는 뜻으로 일이 어떻게 전개될지 훤히 보일 때 주로 사용하는 표현이다.

6 It's such a cliche

[잇스 서치 어 클리셰이]

너무 뻔하잖아

Cliche는 프랑스어에서 왔으며 너무 뻔한, 진부한, 틀에 박힌, 상투적인
이라는 뜻이다.

그거 뻔한 소리 아니야? = It sounds cliche.

That ship has sailed

[댓 쉽 해즈 세일드]

이미 기회를 놓쳤다

우리 말의 '**이미 버스는 떠났어**'와 비슷한 표현이다. 이미 배가 떠나서 탈 수 없기 때문에 기회를 놓쳤다고 할 때 사용할 수 있는 표현이다.

Give somebody the cold shoulder

[기ㅣv브 섬바디 더 코울드 쇼울더r]

쌀쌀맞게 대하다

쌀쌀맞게 굴었어…

스크래치..

의도적으로 차갑게 행동하거나 쌀쌀맞게 행동을 하는 것을 뜻
한다.

그녀는 나한테 쌀쌀맞게 굴었어. = She gave me the cold
shoulder.

Get to the bottom of it

[겟 투 더 바름 어v브 잇]

~의 진상을 규명하다

어떤 문제나 상황에 대해 깊이 파고들어 원인이나 진실을 파악
하고 해결책을 찾으려는 의지를 나타내는 표현이다.

내가 진상을 규명하겠어. = I'm going to get to the bottom of it.

Rat somebody out
[r랫 섬바디 아웃]
일러바치다/고자질하다

| Rat | = 쥐새끼 같은, 비열한

누군가를 몰래 고자질하거나 배신할 때 사용하는 표현으로 고
자질하다, 밀고하다, 배신하다 등의 뜻으로 사용된다.

너희들이 나를 고자질했어. = You guys ratted me out.

The cat's out of the bag

[더 캣츠 아웃 어v브 더 배그]

비밀이 들통났어

비밀이 누설되거나 숨겨진 정보가 공개되었을 때 사용하는 표현이다.

그녀가 무심코 비밀을 말했다. = She let the cat out of the bag.

비밀을 아무한테도 말하지 마. = Don't let the cat out of the bag.

I'm not one to kiss and tell

[암 낫 원 투 키스 앤드 텔]

비밀을 떠벌리는 사람은 아냐

상대방에게 나는 비밀을 말하고 다니는 사람이 아니라고 확신을 주고 싶을 때 사용하는 표현이다.

나는 입이 무겁다. = My lips are sealed.

비슷한 표현 = I keep my secrets well.

Why don't you catch us up?

[와이 던츄 캐치 어스 업?]

무슨 일인지 우리에게 알려 줄래?

Catch me up은 내가 없었던 순간에 일어난 일을 알려 줄 수 있냐고 물어보는 표현이다.

어떤 일이 일어나는지 알려 줄 거지? = Will you catch me up?

I'll keep you in the loop

[아일 킵 유 인 더 룹]

네게도 알려 줄게

Keep me in the loop은 나에게 중요한 정보나 뉴스 등을 알려 달라고 부탁할 때 사용하는 표현이다.

네게도 알려야겠다고 생각했어. = I wanted to keep you in the loop.

I'm going to poke around

[암 고우잉 투 포욱크 어r라운드]

캐물어보다

Poke around는 뭔가를 찾으려고 또는 알아내려고 조사하면서
캐묻는 것을 뜻한다.

우리 가서 캐물어보자. = Why don't we just go poke around?

The jig is up

[더 지그 이즈 업]

들통나다

오랫동안 몰래 해오던 것이 들켰을 때 사용할 수 있는 표현이다.

들통났어, 도망갈 길이 없다고. = The jig is up, There's no way to

escape.

Sweep (something) under the carpet/rug

[스윕 (섬th띵) 언더r 더 카알r펏/ r뤄그]

비밀로 하다

직역하면 '러그/카페트 밑에 쓸어 넣다'라는 뜻으로 '잘못이나 불리한 증거, 부끄러운 일 따위를 감추려 하다' 또는 '모른 척 넘기다'라는 뜻으로 사용된다.

그건 비밀로 덮어두자. = Let's sweep it under the rug.

Don't tell a soul

[도운 텔 어 소울]

소문내지 마

이 비밀은 귀신에게도 발설해서는 안 된다는 뜻이다.

상대방에게 비밀을 지켜달라는 부탁을 강조하는 것으로, 상황

에 따라 'Please keep this to yourself'나 'This is just between us'와

비슷하게 사용된다.

Have one's head in the clouds

[해v브 원즈 헤드 인 더 클라우즈]

딴생각을 하다

잠깐 딴생각을 했지~

공상에 빠진, 딴생각을 하는 상태를 뜻한다.

잠깐 딴생각에 빠져 있었어. = I just had my head in the clouds.

Flip through (something)

[f플립 th뜨루 (섬th띵)]

훑어보다/휙휙 넘기다

책장을 휙휙 넘기거나, 텔레비전 채널을 대충 훑어볼 때 사용할 수 있는 표현이다.

그냥 텔레비전 채널 훑어봤어. = I was just flipping through the channels.

Make a fool (out) of oneself

[메익 어 f풀 (아웃) 어v브 원셀f프]

바보 같은 짓을 하다/웃음거리가 되다

누군가 멍청하고 바보 같은 짓을 할 때 Stupid이나 Idiot 대신 사용할 수 있다.

너는 웃음거리가 될 거야. = You'll make a fool of yourself.

나는 바보 같은 짓을 했다. = I made a fool out of myself.

Hooked on something

[훅트 언 섬th띵]

~에 중독되다/빠져있다

Hook의 원래 뜻은 걸이, 갈고리라는 뜻이지만, 중독되거나, 푹 빠지는 것을 의미하기도 한다. 미드에서는 Be hooked on 또는 Get hooked on으로 자주 사용된다.

나는 이 새로운 TV 시리즈에 중독되어 있다. = I'm hooked on this new TV series.

Goof around

[구f프 어r라운드]

빈둥거리다/시간을 허비하다

'별로 중요하지 않은 일들을 하면서 빈둥거리다'라는 뜻으로 사용된다.

그만 좀 빈둥거려. = Stop goofing around.

그는 농땡이를 치고 있어. = He's goofing around.

10-6

a variety of
expressions

I was somewhere else

[아이 와즈 서뭴r 엘스]

잠시 딴생각했어

정신이 팔려서 다른 생각에 빠져 있었다는 것을 나타내는 표현
으로 주로 비공식적인 상황에서 주로 사용된다.

비슷한 표현 = I was daydreaming / I zoned out for a moment

I lost my train of thought

[아이 로스트 마이 트r레인 어v브 th똣]

잠시 정신줄을 놓았어

말하고 있던 내용에서 갑자기 말이 끊기거나, 이전에 생각하던 내용을 잊어버렸다는 것을 나타내는 표현이다.'I forgot what I was going to say'나 'I got sidetracked'라는 표현을 대신 사용할 수 있다.

I totally spaced out
[아이 토우털리 스페이스드 아웃]

정신이 딴 데 가 있었나 봐

정신이 멍해져서 집중하지 못했다는 뜻으로 비공식적인 상황에서 자주 사용된다.

비슷한 표현 = I zoned out. / I blanked out.

I'm all mixed up

[암 올 믹스드 업]

너무 혼란스러워

너무 혼란스러워...

Mixed up은 혼란스럽다는 뜻으로 I'm confused 대신 사용할 수 있는 표현이다.

I have a lot on my mind

[아이 해v브 어 랏 언 마이 마인드]

머릿속이 복잡해

생각이 복잡하겠다. = You got a lot on your mind.

I don't want to take sides

[아이 도운ㅌ 원투 테익 사이즈]

어느 편도 들고 싶지 않아

|Take one's side| = 어느 한쪽 편을 들다

주로 복잡한 상황에서 중립을 지키고 싶을 때 사용하는 말이다.

너에게 누구 편을 들라고 부탁하는게 아니야. = I'm not asking you to take sides.

영어는 한마디로 자신감

쌤영어, 왕초보 영어 말하기

초판 1쇄 발행 2023년 6월 7일

지은이 윤상훈
펴낸이 박영미
펴낸곳 포르체

책임편집 김선아
편집팀장 임혜원 **편집** 김성아 김다예
마케팅 김채원 김현중
디자인 황규성
일러스트 하루

출판신고 2020년 7월 20일 제2020-000103호
전 화 02-6083-0128 | **팩 스** 02-6008-0126
이메일 porchetogo@gmail.com
포스트 m.post.naver.com/porche_book
인스타그램 www.instagram.com/porche_book

ⓒ 윤상훈(저작권자와 맺은 특약에 따라 검인을 생략합니다.)
ISBN 979-11-92730-53-0 14740
ISBN 979-11-92730-21-9 (세트)

여러분의 소중한 원고를 보내주세요.
porchetogo@gmail.com